¿Quiénes fueron Los Beatles?

¿Quiénes fueron Los Beatles?

Por Geoff Edgers

Ilustrado por Jeremy Tugeau

Traducido del inglés por Inés Rocha

Grosset & Dunlap

An Imprint of Penguin Group (USA) Inc.

Para mis dos damas favoritas: Carlene y Lila...
Ahora todos juntos—GE

Para Nicole, mi mayor crítica y mi mayor inspiración—JT

GROSSET & DUNLAP
Published by the Penguin Group
Penguin Group (USA) Inc., 375 Hudson Street, New York, New York 10014, USA
Penguin Group (Canada), 90 Eglinton Avenue East, Suite 700, Toronto,
Ontario M4P 2Y3, Canada (a division of Pearson Penguin Canada Inc.)
Penguin Books Ltd., 80 Strand, London WC2R 0RL, England
Penguin Group Ireland, 25 St. Stephen's Green, Dublin 2, Ireland
(a division of Penguin Books Ltd.)
Penguin Group (Australia), 250 Camberwell Road, Camberwell, Victoria 3124, Australia
(a division of Pearson Australia Group Pty. Ltd.)
Penguin Books India Pvt. Ltd., 11 Community Centre,
Panchsheel Park, New Delhi—110 017, India
Penguin Group (NZ), 67 Apollo Drive, Rosedale, Auckland 0632, New Zealand
(a division of Pearson New Zealand Ltd.)
Penguin Books (South Africa) (Pty.) Ltd., 24 Sturdee Avenue,
Rosebank, Johannesburg 2196, South Africa

Penguin Books Ltd., Registered Offices: 80 Strand, London WC2R 0RL, England

Spanish translation by Inés Rocha.

Spanish translation copyright © 2012 by Penguin Group (USA) Inc. Text copyright ©
2006, 2011 by Geoff Edgers. Illustrations copyright © 2006 by Jeremy Tugeau.
Cover illustration copyright © 2006 by Nancy Harrison. All rights reserved. Spanish edition
published in 2012 by Grosset & Dunlap, a division of Penguin Young Readers Group,
345 Hudson Street, New York, New York 10014. GROSSET & DUNLAP is a trademark
of Penguin Group (USA) Inc. Printed in the U.S.A.

The Library of Congress has catalogued the original English edition
under the following Control Number: 2005014000

ISBN 978-0-448-45873-1   10 9 8 7 6 5 4 3 2 1

Contenido

¿Quiénes fueron Los Beatles?

Eran conocidos como los Fabulosos Cuatro. Y fueron tan famosos que con sólo decir John, Paul, George y Ringo, la gente sabía de quiénes estabas hablando.

Ellos se veían diferentes a los otros jóvenes de la década de 1960: llevaban el cabello más largo y los reporteros los llamaban los "pelo de trapeador". Sus ropas también eran diferentes. Usaban sacos sin

cuello abotonados hasta arriba. Y su acento también era diferente porque eran de Liverpool, Inglaterra. Hasta ese momento, todas las grandes estrellas del pop habían sido estadounidenses.

Ante todo, su música sonaba diferente. Era *rock and roll*, algo totalmente distinto de lo que los chicos habían oído hasta entonces. Cuando la banda vino a Estados Unidos la primera vez, los boletos se agotaron. La gente enloquecía, las chicas se desmayaban y los periódicos se referían a ellos como "la invasión británica".

Eran incluso más famosos que Elvis. Luego, cuando se encontraban en la cima de la popularidad... los Fabulosos Cuatro se separaron. A pesar de ello, más de cuarenta años después, sus canciones siguen siendo grandes éxitos. En noviembre de 2010 los titulares de primera página anunciaron que sus trece álbumes estarían

disponibles en iTunes. ¿Cuál era esa banda? Los Beatles, el mejor grupo de rock en la historia.

Capítulo 1
John Lennon

No había nada tranquilo en John Lennon, ni siquiera el día de su nacimiento el 9 de octubre de 1940. La Segunda Guerra Mundial arrasaba Europa. Liverpool, Inglaterra, era bombardeado por los alemanes. Pero el pequeño John no podía esperar a nacer. Su madre, Julia, fue al hospital y dio a luz a las siete de la mañana. En el momento en que nacía, las paredes del hospital temblaban a causa de las bombas.

Liverpool era un lugar lúgubre para vivir incluso antes de la guerra. Con anterioridad había sido un próspero puerto marítimo pero para entonces la ciudad había caído en decadencia. Muchas fábricas cerraron sus puertas y las que seguían funcionando no tenían suficientes empleos que ofrecer. Las familias pobres vivían hacinadas en apartamentos pequeños en los barrios bajos de la ciudad.

Al principio, John vivía con su madre y abuelos. Su padre, Alfred, no aparecía nunca por allí porque trabajaba en un barco y pasaba muchos meses fuera de casa. Aunque se esforzaba mucho, la madre de John no conseguía suficiente dinero para mantener a su bebé. Durante poco más de un año, Alfred les envió dinero pero luego dejaron de llegar los cheques y Alfred dejó de escribir. Julia ni siquiera tenía con qué comprar una cama para John, así que terminaron durmiendo juntos.

La situación empeoró; la familia comenzó a discutir sobre el lugar en el que el niño debería vivir. Julia quería que se quedara con ella... era su hijo. Pero tenía problemas para cuidar de él. Mimi, una tía de John, también quería al bebé. Afirmaba que John estaría mejor viviendo con ella porque vivía en una casa mejor en un barrio mejor de la ciudad. Su padre también intentó llevárselo. Un fin de semana, John fue a visitarlo al barco, que se encontraba anclado en Liverpool. Alfred le preguntó al niño, de solo cinco años, si le gustaría ser parte de una aventura. Viajarían juntos a un país lejano llamado Nueva Zelanda. "Claro", respondió John. Sonaba divertido.

Julia se enteró de los planes de Alfred y le prohibió acercarse al niño. No obstante, por

más que quisiera a John, Julia entendía que su hijo necesitaba un mejor hogar. Al final, decidió mandarlo a vivir con Mimi.

A pesar de todo ello, John era un niño feliz. Las fotografías de aquella época lo muestran con una gran sonrisa en el rostro, ya sea montando en bicicleta o posando con Sally, el perro de la familia. Mimi le daba muchos libros. Además de leer, a John le gustaba hacer esqueletos y monstruos de papel para luego pegarlos sobre su cama.

John era muy joven para saber que no era habitual vivir con su tía y que su madre lo visitara. Además, Julia se comportaba más como una amiga que como su madre. Le encantaba contar chistes, hacer gestos y cantar. Julia le enseñó a tocar el banjo, un instrumento parecido a la guitarra, y le contó historias sobre su abuelo—un amante de dicho instrumento—quien se había trasladado a Estados Unidos. También fue ella quien le regaló su primera guitarra y le enseñó a tocarla.

La tía Mimi tenía muchas reglas. Exigía que John regresara directamente de la escuela a casa para hacer sus tareas y que se acostara temprano. Con frecuencia tenía motivos para molestarse con John. A medida que crecía, John se metía en más líos. Era inteligente pero no le gustaba trabajar con juicio. La única clase en la que le iba bien era la de arte. John se pasaba los días haciendo pequeños libros de poemas y dibujos. También se peleaba con otros niños y, algunas veces, se burlaba de sus maestros en sus narices.

Tal vez se portaba así

porque estaba triste: unos pocos meses antes de que John cumpliera dieciocho años, Julia fue atropellada por un automóvil y murió. John quedó destrozado. Años después, escribió la canción *Julia*.

En la adolescencia, lo único que John se tomó en serio fue la música. A los quince años, oyó *rock and roll* por primera vez. Hasta entonces, la mayoría de la música que se oía en la radio era música suave, cantada por estrellas del momento como Perry Como y Doris Day. El rock era diferente, era una música ruidosa, tenía un ritmo fuerte y se podía brincar siguiendo su ritmo. Muchos adultos la odiaban, pero los adolescentes la amaban. Las estrellas del rock eran excitantes.

El cantante favorito de John era Elvis Presley, de Tupelo, Mississippi. Tenía una melena negra que se alisaba con brillantina, usaba la camisa  desabotonada para mostrar su pecho y los jeans le quedaban muy apretados. Y, cuando Elvis cantaba, meneaba las caderas. Las niñas enloquecían; los chicos lo admiraban. Pero muchos adultos lo consideraban una mala influencia por lo que, cuando aparecía en televisión, las cámaras sólo lo mostraban de la cintura hacia arriba... así, nadie podía verlo bailar.

ELVIS PRESLEY

NACIDO EN MISSISSIPPI, ELVIS PRESLEY FUE LA PRIMERA VERDADERA ESTRELLA DE ROCK. ERA UN CANTANTE BLANCO QUE CAPTURABA EL SONIDO DE LOS CANTANTES DE BLUES AFROAMERICANOS. HABÍA OTROS CANTANTES BLANCOS QUE LO HACÍAN PERO ELVIS ERA EL MÁS EMOCIONANTE.

ELVIS GRABÓ SU PRIMERA CANCIÓN, *MY HAPPINESS*, EN 1953 Y LA PAGÓ ÉL MISMO COMO UN REGALO PARA SU MADRE. DURANTE UN TIEMPO TRABAJÓ EN UN ALMACÉN DE MAQUINARIA Y COMO CHÓFER DE CAMIÓN. CON EL TIEMPO FUE DESCUBIERTO COMO CANTANTE. SUS ÉXITOS INCLUYEN *HOUND DOG* Y *HEARTBREAK HOTEL*.

A MEDIDA QUE SU POPULARIDAD AUMENTÓ, LA GENTE DEJÓ DE LLAMARLO POR SU NOMBRE. EN SU LUGAR, LO DENOMINARON "EL REY" DEL *ROCK AND ROLL*.

John comenzó a vestirse como Elvis y a usar fijador en el pelo. También decidió dedicarse a tocar guitarra. Mimi no estuvo de acuerdo porque quería que John tomara clases de piano o violín, y se negó a pagarle las clases de guitarra. A pesar de ello, John siguió tocando guitarra... había nacido para eso. Muy pronto, John creó su propia banda en la escuela: se llamaba los Quarrymen.

Aun así, Mimi no le permitía entrar a la casa con su nuevo instrumento. John tenía que practicar en el jardín. "La guitarra está bien", le dijo Mimi, "pero nunca te ganarás la vida con ella".

Capítulo 2
Paul McCartney

Los admiradores de los Beatles siempre conocieron a Paul McCartney como el "chico guapo". Tenía pestañas largas, grandes ojos castaños y una linda melena. También era el cantante de algunas de las canciones más románticas del grupo, las baladas. Sin embargo, en su infancia Paul había

sido rechoncho. Su hermano Michael lo molestaba y lo llamaba "gordinflón". Paul trataba de no molestarse demasiado y, a medida que se hizo mayor, perdió su gordura de bebé.

Paul nació el 18 de junio de 1942. Su madre, Mary, lo trajo al mundo en una habitación privada en el hospital. Las mujeres pobres normalmente tenían que compartir la habitación con otras mujeres y los McCartney no tenían mucho dinero, pero Mary trabajaba como enfermera así que el hospital la trataba como parte de la familia.

Paul era un buen muchacho; sus calificaciones eran buenas, especialmente las de latín, y tenía muchos amigos.

Le gustaba dibujar y escribir; también le encantaban las niñas y presumió mucho ante sus amigos su primer beso. Además, amaba la música.

Al igual que John, Paul no podía creer lo que oía cuando en la radio tocaron una canción de Elvis Presley. Sonaba tan diferente... También le gustaba Little Richard, un cantante negro.

LITTLE
RICHARD

Elvis era interesante y guapo pero Little Richard usaba maquillaje coloridos, enloquecía en el escenario y cantaba canciones llamadas *Tutti Frutti* y *Good Golly, Miss Molly*. De hecho, Little Richard no solo cantaba, gritaba. Cuando tocaba piano, Little Richard se emocionaba tanto que se ponía de pie y, algunas veces, pateaba la banca del piano para tener más espacio.

Paul aprendió a imitar los alaridos de Little Richard, algo que enfurecía a la mayoría de los adultos. Mucho después, esos gritos se volvieron parte de algunas de las canciones más famosas de los Beatles, como *She Loves You* y *Twist and Shout*. A Paul también le encantaba disfrazarse de estrella del rock. Usaba pantalones apretados y se dejó crecer el pelo más que los otros chicos.

No es de sorprender que Paul escuchara tanta música cuando niño. Su padre, Jim, tocaba el piano y en una época lideró un grupo llamado Jim Mac's Jazz Band. Jim puso a Paul un radio en su habitación para que pudiera escuchar música mientras se quedaba dormido. Su tío le regaló una trompeta. Pero, el instrumento favorito de Paul era la guitarra. ¿Por qué? Porque Elvis tocaba la guitarra. Las guitarras estaban hechas para personas diestras; Paul era zurdo y tuvo que ponerle las cuerdas al revés para poder tocar. ¡Y cómo tocaba!

"El momento en que consiguió una guitarra, ese fue el fin", afirma Michael, el hermano menor de Paul. "Estaba perdido. Ya no tenía tiempo para comer o pensar en nada más". Tocaba guitarra mientras iba al baño y cuando estaba en la tina. ¡La tocaba en todas partes!, cuenta Michael.

Cuando su madre enfermó, Paul se dedicó con más ahínco a su música.

La enfermedad comenzó con un dolor en el pecho. En aquella época los médicos no contaban con todos los exámenes de hoy para descubrir lo que afectaba a sus pacientes. Enviaron a Mary de regreso a casa y ése fue un gran error. Cuando el dolor continuó, Mary regresó al hospital y, esta vez, el doctor la informó de la terrible noticia: tenía cáncer de pecho y probablemente moriría pronto. Mary lloró al enterarse pero no les contó a sus hijos porque no quería preocuparlos. Murió

el 31 de octubre de 1956, cuando Paul tenía solo catorce años.

Paul rezaba para que Mary regresara pero sabía que no sería así. Se preguntaba cómo haría su familia para vivir con normalidad. Apabullado, Paul convirtió su tristeza en música y escribió su primera canción: *I Lost My Little Girl*.

Capítulo 3
Ringo Starr

De todos los Beatles, Ringo fue quien tuvo la infancia más dura. El mayor de los Beatles nació el 7 de julio de 1940. Era el único hijo de Elsie y Richard Starkey. Llevaba el nombre de su padre, a pesar de que éste se fue cuando Ringo tenía tres

años y rara vez regresó a visitarlo. Posteriormente, cuando se convirtió en músico, cambió su nombre a Ringo Starr. Con frecuencia, los músicos cambian su nombre porque les parece que el nuevo suena mejor.

Ringo fue un niño solitario. Elsie veía a su hijo mirar por la ventana, deseando tener un hermano o hermana. Luego, cuando tenía seis años, las cosas empeoraron. Ringo enfermó. Sintió un dolor terrible en el costado derecho: tenía apendicitis. La apendicitis es fácil de curar pero a nadie se le ocurrió llevarlo al médico sino hasta cuando estuvo muy enfermo. Lo llevaron de emergencia al hospital, donde el médico lo durmió y le sacó el apéndice. Pero, tras la operación, Ringo no despertó: estaba en coma. El cuerpo de Ringo siguió dormido durante diez semanas. Cuando finalmente despertó, Ringo seguía sintiéndose enfermo, así que permaneció en el hospital todo un año hasta que se curó por completo.

Cuando regresó a la escuela, le costó mucho trabajo ponerse al día. Se esforzó mucho, según lo afirma una de sus maestras en la libreta de calificaciones, pero seguía perdiendo los exámenes. No sabía tanto como sus compañeros de curso y, peor aún, volvió a enfermarse: cuando tenía trece años, le dio una gripe que se le complicó. Tenía problemas para respirar y tuvo que ser hospitalizado otra vez. Esta vez estuvo dos años en el hospital.

Algo bueno tenía que resultar de ese tiempo lejos de casa: en el hospital, Ringo aprendió a

tocar la batería. Allí había una banda que pasaba tocando por las habitaciones para alegrar a los chicos que estaban internados. A Ringo siempre le había interesado la batería y, siempre que oía música, llevaba el ritmo con manos y pies. En el hospital le dieron un tambor y quedó encantado.

Cuando Ringo regresó a casa, construyó un juego de tambores con tarros metálicos de galletas. Usaba pequeñas astillas de leña como baquetas.

La música le daba algo alegre qué hacer mientras sus amigos estaban afuera jugando. Además, se había atrasado tanto respecto a sus compañeros de curso que ya no se sentía muy inteligente. Finalmente, a los quince años abandonó la escuela. A pesar de todos sus problemas, en la batería era realmente bueno.

Como ya no estaba estudiando, tuvo que conseguir trabajo. Trabajó en un tren llevando mensajes a los pasajeros (no había nada parecido al teléfono celular en esos tiempos); sirvió bebidas en un barco; consiguió empleo empalmando tubos de agua. Aunque ganaba suficiente dinero, Ringo sentía que necesitaba algo más de la vida. No era feliz.

Cuando cumplió dieciocho años, su madre le regaló una batería de verdad. Fue el mejor regalo que pudo haberle dado. Practicaba produciendo un ritmo regular; hacía que los platillos sonaran al tocarlos con sus baquetas. Fundó una banda llamada la Eddie Clayton Skiffle Group que tocaba para los trabajadores de la fábrica de tuberías durante los descansos. Ringo se sentía satisfecho, no necesitaba hacerse rico o famoso; para él era suficiente ser parte de una banda.

Capítulo 4
George Harrison

George Harrison fue el miembro de los Beatles que tuvo la infancia más feliz. No perdió a su madre como Paul y John, y no estuvo enfermo como Ringo.

Era el menor de cuatro hermanos y también el menor de los Beatles. Nació el 25 de febrero de 1943. Harold, su padre, era conductor de autobús. Louise, su madre, daba clases de baile. Al pequeño George no le interesaban ni el baile ni la música. Era un niño tranquilo.

Cuando creció, comenzó a usar pantalones apretados y el pelo largo, aunque los otros chicos se burlaran de él. Solía decirles que se dejaba crecer el pelo porque las tijeras de su padre no tenían filo y cada corte era doloroso. Obviamente era

mentira, simplemente le gustaba el cabello largo.

La música entró en la vida de George cuando tenía catorce años, el día en que oyó a un cantante británico llamado Lonnie Donegan. La música de Donegan era parecida al *rock and roll* pero más rápida. A esa nueva música la llamaban *skiffle*. A George le encantaba y rogó a su madre que le

comprara una guitarra. Ella finalmente cedió y le compró una de cinco dólares.

George aprendió a tocar solo. Practicaba tanto que las puntas de los dedos le sangraban. Eventualmente comenzó a suspirar por una guitarra mejor, una guitarra eléctrica. La guitarra eléctrica es mucho más ruidosa porque está enchufada y el sonido sale por un altavoz. Aunque la guitarra costaba sesenta dólares, su madre se la compró.

Muy pronto, George conformó una banda con Peter, uno de sus hermanos mayores. Se llamaban a sí mismos Los Rebeldes y tocaron por primera vez en un club en Liverpool. Poco después, George y Paul se conocieron en un autobús. Comenzaron a hablar de música y notaron que tenían muchos intereses en común. Desde entonces, empezaron a reunirse en la casa de George para hacer música juntos.

A Paul le encantaba cantar y George estaba más interesado en tocar guitarra. De hecho, le daba pánico cantar frente a la gente. Años después sería conocido como "el Beatle silencioso".

Capítulo 5
La formación de la banda

Cuando los Beatles estaban madurando, no existían MTV ni iTunes. Ni siquiera había una emisora de radio que tocara *rock and roll*. De hecho, cuando los Beatles eran niños, ¡el *rock and roll* no existía!

En Estados Unidos había un estilo musical que tenía la misma energía del rock. Se llamaba *rhythm and blues*, y había sido inventado por los cantantes negros. Pero a principios de la década de 1950, los DJs no ponían su música en la radio. Así que los cuatro jovencitos en Inglaterra no tuvieron la posibilidad de oír la música que se convertiría en el *rock and roll*.

En lugar de ello, estaban condenados a escuchar a blancos cantando lo que llegó a conocerse como *pop chicle*, que también llegaba de Estados Unidos. Eran canciones alegres, inofensivas y fáciles de cantar. A los papás les gustaban. Un gran éxito de 1953 fue *How Much Is That Doggie in the Window?* Los adultos no se sentían incómodos con esa música. Pero luego, a mediados de los años cincuenta, las compañías musicales comenzaron a pedir a los cantantes blancos que hicieran *rhythm and blues*. Entonces nació el *rock and roll*.

RHYTHM AND BLUES

RAY CHARLES

ANTES DEL *ROCK AND ROLL* SE OÍA *RHYTHM AND BLUES*. DE HECHO, EL ROCK HECHO EN LOS AÑOS CINCUENTA SONABA CASI IGUAL A LOS *RHYTHM AND BLUES* QUE SE OYERON DURANTE AÑOS EN LOS CLUBES. LA GRAN DIFERENCIA ERA QUE EL *RHYTHM AND BLUES* HABÍA SIDO CREADO POR AFROAMERICANOS, QUIENES TOMABAN CANCIONES QUE HABÍAN

SIDO ORIGINALMENTE *COUNTRY*, *BLUES* O MÚSICA DE LAS GRANDES BANDAS Y LAS VOLVÍAN BAILABLES. GRITABAN, CANTABAN MUY RÁPIDAMENTE Y GOLPEABAN EL PIANO.

TRISTEMENTE, INCLUSO CIEN AÑOS DESPUÉS DE LA GUERRA CIVIL, LOS NEGROS EN ESTADOS UNIDOS SEGUÍAN SIENDO TRATADOS INJUSTAMENTE. LOS CANTANTES DE ESTE TIPO DE MÚSICA PODÍAN CANTAR EN LOS CLUBES PERO SUS CANCIONES NO SE TRANSMITÍAN POR RADIO. LAS COMPAÑÍAS DE MÚSICA TUVIERON UNA IDEA: ¿QUÉ PASARÍA SI CONSEGUÍAN QUE LOS CANTANTES BLANCOS GRABARAN LAS CANCIONES DE LOS NEGROS? NO ERA JUSTO PERO FUNCIONÓ. ELVIS PRESLEY CANTÓ *GOOD ROCKIN' TONIGHT* DE ROY BROWN Y BILL HALEY GRABÓ *SHAKE, RATTLE & ROLL* DE "BIG JOE" TURNER.

ACABABA DE NACER EL *ROCK AND ROLL*. EN CUANTO A LA MÚSICA ROCK NEGRA, A FINALES DE LA DÉCADA DE 1950 UNA COMPAÑÍA DISQUERA LLAMADA MOTOWN COMENZÓ A PRODUCIR MÚSICA DE GRUPOS NEGROS. ALGUNOS DE ELLOS—COMO THE SUPREMES Y THE TEMPTATIONS—SE HICIERON MUY FAMOSOS. LOS PRODUCTOS DE MOTOWN SE TRANSMITÍAN POR LAS EMISORAS DE RADIO DE TODO EL PAÍS Y CONVIRTIÓ EN ESTRELLAS A MUCHOS CANTANTES.

El primer gran éxito del rock fue de un hombre llamado Bill Haley. Era una canción titulada *Rock Around the Clock*. A los jóvenes les gustaba porque era posible cantarla y bailarla. Además, fue usada en una popular película de la época: *Blackboard Jungle*. Luego apareció Elvis Presley. Todo el mundo—incluyendo a John y Paul—quería ser como Elvis.

La banda de John, los Quarrymen, había tomado el nombre de su escuela, Quarry Bank. Los Quarrymen hicieron su primera presentación en el verano de 1957. Por aquella época, Paul los vio tocando en una iglesia del barrio.

Era un caluroso día de verano. John estaba de pie en el escenario con su guitarra y cantaba. Paul quedó muy impresionado con lo que oyó. Al terminar el concierto, se acercó a John y le contó que él también tocaba, tomó una guitarra prestada y tocó una canción para convencerlo. John también quedó impresionado. Quería pedirle a Paul que tocara con su banda, aunque le preocupaba que sus admiradores prefirieran a Paul. Finalmente decidió que Paul beneficiaría a su banda. Hicieron su primera presentación juntos en octubre. Después del concierto, Paul mostró a John la canción que había escrito tras la muerte de su madre. John regresó a casa y escribió una canción llamada *Hello, Little Girl.*

En el invierno, Paul le presentó a John a su nuevo amigo George. George tenía solo quince años en ese momento. *Demasiado joven para estar en una banda*, pensó John (él tenía dieciocho), pero Paul lo convenció de aceptar a George. Ahora, lo único que les faltaba era un baterista.

Consiguieron un baterista llamado Colin pero, tras una pelea con John y Paul, los abandonó. Luego, el segundo baterista, Tommy Moore, tuvo que retirarse de la banda porque su novia le exigió conseguir un empleo y se fue a trabajar en una fábrica de botellas. Luego, aceptaron a un tipo llamado Pete Best, hijo del dueño de un club local.

Finalmente, decidieron que debían conseguir un bajista. Un bajo se parece a una guitarra pero solo toca notas bajas y sirve para sostener el ritmo de la canción. John convenció a uno de sus

PAUL GEORGE JOHN PETE STU

amigos, Stu Sutcliffe, de aprender a tocar el bajo y unirse a la banda. Stu compró un bajo e intentó aprender a tocarlo. No duró mucho con ellos pero hizo algo importante: él fue el de la idea de cambiarle el nombre a la banda. En febrero de 1960, la banda fue bautizada los Beatles. El nombre no tenía nada que ver con el escarabajo (beetle, en inglés): se refería al fuerte ritmo de su música.

Capítulo 6
Un nuevo nombre, una nueva imagen

Ahora que eran una banda, los Beatles tenían que conseguir algunas presentaciones.

Por aquel entonces, nadie sabía que un día serían la banda de rock más popular del universo y que venderían millones de discos. Nadie sabía que algún día serían apodados los "Fabulosos Cuatro" o que llegarían a llenar los estadios de béisbol con sus fanáticos. En aquellos días, cuando los Beatles se acercaban, todo lo que los propietarios de los clubes veían era cinco andrajosos adolescentes con chamarrass de cuero desgastadas.

Al principio su música no era muy buena, pero no era culpa de ellos. Stu estaba aprendiendo a tocar el bajo y ni siquiera quería formar parte de la banda: quería ser pintor. John nunca había tomado clases de guitarra, así que aún cometía muchos errores.

Gran Bretaña

Hamburgo

Alemania

Lo mismo sucedía con George y Paul. Y el único motivo por el que Pete era el baterista era que tenía una batería.

En 1959 consiguieron su primer trabajo estable. El propietario de un club en Hamburgo, Alemania, visitó Inglaterra. Aspiraba a encontrar un grupo de roqueros jóvenes que no le costaran mucho dinero e hizo una oferta a los Beatles. Hamburgo quedaba lejos... en otro país, pero el propietario les ofreció un lugar para dormir y un sueldo puntual.

También un camerino para ellos solos. Obviamente, los chicos estaban entusiasmados.

Sin embargo, a sus padres no les gustó la idea. La tía Mimi siempre se había opuesto a que John se dedicara a la música y ahora insistía en que John continuara en la escuela de arte. El padre de Paul también se opuso. porque le preocupaba que Paul  no comiera suficiente si se iba a Alemania. Pero, al igual que Mimi, Jim sabía que no podría detener a su hijo. John y Paul tenían dieciocho años y podían hacer lo que quisieran. Y ellos querían ir a Alemania.

Hamburgo sonaba maravilloso para los jóvenes pero, cuando llegaron allí, descubrieron que algunas de las promesas del propietario no eran ciertas.

El club era un lugar sucio y maloliente llamado Indra. Su "camerino" era en realidad un baño público. Dormían en pequeñas camas colocadas

tras la pantalla de un teatro local. Después de tocar toda la noche, no podían dormir hasta tarde al día siguiente porque el sonido de las películas los despertaba.

Estar en el escenario tampoco fue fácil. Hasta entonces, sus conciertos habían sido de máximo una hora y en Hamburgo pasaban ocho horas en el escenario. Pero toda esa práctica los convirtió en mejores músicos. John y Paul escribieron muchas canciones. También aprendieron a tocar docenas

de canciones de sus músicos favoritos, incluyendo a Elvis Presley, Buddy Holly y Chuck Berry. Incluso, aprendieron a improvisar canciones.

Algunas veces se sentían cansados y de mal humor porque trabajar tanto sin dormir suficiente estaba acabando con ellos. Comenzaron a tomar píldoras para no dormirse en el escenario. No podían comer mucho porque siempre estaban trabajando. De hecho, con frecuencia comían mientras trabajaban, frente a su público.

Sus admiradores eran interesantes. Algunas veces el club se llenaba de adolescentes que los admiraban y cantaban a la par con ellos; otras veces, el público tomaba demasiada cerveza y se armaban peleas en las que se lanzaban sillas y se colgaban de las luces del techo.

A los Beatles no les importaba; les parecía divertido.

Con el tiempo, los Beatles ganaron popularidad e hicieron algunas presentaciones en clubes más grandes. También hicieron muchos amigos entre los estudiantes de la escuela de artes quienes les daban consejos sobre cómo peinarse. El estilo en Alemania era dejarse crecer el cabello y peinarlo hacia adelante. A los Beatles les gustó más ese estilo que el de untarse mucho  fijador. Ese nuevo estilo fue lo que llegó a llamarse el "pelo de trapeador" de los Beatles.

BRIAN EPSTEIN

No obstante, después de cuatro meses, los Beatles se cansaron de Alemania (excepto Stu quien se había enamorado y decidió quedarse). Los demás regresaron a Liverpool, Inglaterra. Para entonces, los Beatles se habían convertido en buenos compositores y músicos, y les encantaba lucirse. No tuvieron problema para conseguir trabajo e incluso atrajeron la atención de un hombre de negocios local llamado

Brian Epstein. Brian provenía de una familia rica y quería administrar una banda. Los Beatles confiaban en él.

Brian tenía ideas claras sobre lo que los muchachos debían hacer para llegar lejos. Les prohibió comer y beber en el escenario; les prohibió las chamarras de cuero; les aconsejó usar traje y corbata. Pensaba que así serían más atractivos para los padres de familia.

La banda aceptó todo con la condición de que Brian les hiciera un favor. No querían que Pete siguiera tocando la batería. Querían a alguien mejor, a un joven llamado Ringo Starr, quien pertenecía a otra banda. A John y Paul les daba miedo despedir a Pete porque había sido un buen amigo y no querían

herir sus sentimientos. Así que Brian se encargó de despedirlo y Pete nunca les perdonó que no se lo hubieran dicho ellos personalmente.

Para 1963, los cuatro miembros de la banda estaban reunidos: John, Paul, George y Ringo.

Capítulo 7
La beatlemanía

Todo sucedió muy rápidamente. A principios de 1963, los Beatles seguían tocando en pequeños clubes o tocando como grupo de apertura en los conciertos de otras bandas.

Luego, en marzo de ese año, salió su primer sencillo en Inglaterra. Se titulaba *Please Please Me* y se convirtió en éxito en las listas de ventas británicas. Incluso en sus primeras canciones, los Beatles tenían un sonido especial. Tenían dos cantantes principales —John y Paul— quienes sabían cómo componer armonías juntos. Sus canciones siempre tenían un coro pegadizo y a la banda le encantaba pegar gritos de felicidad al final de algunas estrofas.

El espíritu fue pegando.

Para el otoño, los boletos para oír a los Beatles se agotaban en menos de media hora.

Eran tan populares que sus admiradores los seguían a todas partes. Un periódico inglés encontró la palabra para describir todo este entusiasmo: "beatlemanía".

Sin embargo, en Estados Unidos los Beatles seguían siendo desconocidos. Su primera canción en Estados Unidos fracasó de tal manera que la compañía disquera los despidió. Entonces firmaron un contrato con Capital Records. Si Capitol se demoraba en lanzar una nueva canción, Brian llamaba por teléfono al gerente y le gritaba. Les aseguró que *I Want to Hold Your Hand* sería un gran éxito y tenía razón: la canción llegó al puesto número uno.

La beatlemanía llegó a Estados Unidos el 7 de febrero de 1964 cuando un avión aterrizó en el Aeropuerto Kennedy de Nueva York con cuatro jóvenes nerviosos. John, Paul, George y Ringo llegaban a América por primera vez.

Nunca antes se había visto una estrella del rock inglesa.

"Allí tienen todo", afirmó George refiriéndose a Estados Unidos antes del viaje. "¿Para qué nos quieren a nosotros?"

Brian no tenía ninguna duda, le decía a todo el mundo que la banda sería famosa y, tan pronto descendieron del avión, los Beatles confirmaron que Brian estaba en lo cierto. Miles de adolescentes histéricos se presentaron en el aeropuerto para recibirlos. Los Beatles eran guapos y las chicas se arremolinaban contra las vallas que las separaban del avión. Lloraron cuando John, Paul, George y Ringo bajaron. Algunas se desmayaron.

Los Beatles dieron una conferencia de

prensa en el aeropuerto. Los periodistas estaban acostumbrados a escuchar las respuestas formales de las estrellas del *rock and roll*; incluso Elvis los trataba de "señor". Pero los Beatles bromeaban. Uno de los reporteros les pidió que cantaran algo y la respuesta de John fue: "Primero tiene que pagarnos", haciendo reír a todos. Poco después los reporteros estaban anotando cada palabra pronunciada por los Beatles.

Dos días después, los Beatles cantaron cinco canciones en *The Ed Sullivan Show* y, con ello, hicieron historia. Más de 73 millones de personas en todo el país los vieron, casi la mitad de la población del país. Posteriormente, los Beatles dieron muchos conciertos—incluyendo dos en el famoso Carnegie Hall en Manhattan—en los que los boletos se agotaron.

ED SULLIVAN

Toda esa atención contribuyó a que otras bandas británicas adquirieran popularidad en Estados Unidos. Por ejemplo, los Rolling Stones, Animals, Kinks, los Dave Clark Five, Herman's Hermits y Fredy and the Dreamers fueron bandas inglesas que se hicieron famosas después de los Beatles. Los medios llamaron a este fenómeno "la invasión británica". Algunos de esos grupos también eran de Liverpool. La nueva música era denominada el "sonido de Mersey", en honor al río

Mersey que atraviesa Liverpool.

La beatlemanía no significó solamente agotar los boletos de los conciertos, lanzar discos que llegaban al primer lugar o muchachas gritando y jóvenes de pelo largo. Los Beatles pertenecían a los chicos de los años sesenta de la misma forma en que Frank Sinatra pertenecía a sus padres.

Los Beatles hicieron su primera película—*A Hard Day's Night*—en 1964. Gran parte de la acción de la película mostraba a los Beatles huyendo de sus admiradores. Fue un gran éxito.

Para entonces, John, Paul, George y Ringo ya no eran cuatro tipos de Liverpool. Eran los "Fabulosos Cuatro", más importantes incluso que Elvis Presley. No obstante, seguían siendo jóvenes e inexpertos y algunas veces cometían errores. Por ejemplo, John le dijo una vez a un periodista "los Beatles son ahora más populares que Jesús", cosa que ofendió a muchas personas. Algunas emisoras de radio organizaron protestas con inmensas fogatas e invitaron al público a lanzar los discos de los Beatles a las llamas. John pidió disculpas. La experiencia los hizo cambiar porque entendieron que tenían que medir sus palabras y comportamiento. Ser los "Fabulosos Cuatro" ya no parecía tan fabuloso.

Capítulo 8
Cansados de viajar

Ser estrellas del rock no era fácil. Cuando no estaban grabando nuevas canciones, los Beatles estaban empacando maletas para su siguiente concierto. Tenían poco tiempo para descansar. Por ejemplo: en dos meses de 1964 hicieron cincuenta y tres conciertos, cada uno en una ciudad distinta de Estados Unidos. Sus admiradores enloquecían de tal forma que, en algunos conciertos, los Beatles tenían que presentarse dentro de una jaula de casi dos metros de altura.

Cuando se encontraban de gira, los Beatles tenían que dejar a sus familias. Para John esto era

especialmente difícil pues tenía una esposa y un bebé a quienes veía a duras penas.

¿Qué pasaría si no daban más conciertos? ¿Si pasaban el tiempo creando nueva música en el estudio? A Brian no le gustó la idea, él quería seguir dando conciertos, produciendo mucho dinero. Pero los Beatles tenían otras intenciones. Estaban cansados de viajar. En lugar de hacer turismo, pasaban la mayor parte del tiempo huyendo de los admiradores que les pedían abrazos, besos y autógrafos. Ya no podían ir al cine o comer en un restaurante.

Después de un concierto, los admiradores persiguieron su limosina y la zarandearon con la esperanza de ver por un segundo a alguno de los miembros de la banda. Por fortuna, los Beatles los habían engañado: los chicos se habían escapado y escondido en una ambulancia.

Eso puede sonar divertido pero no lo era. Incluso cantar era ahora una tortura, ya no hacían presentaciones en pequeños clubes, los Beatles

llenaban los estadios de béisbol. Cuando los cuatro
jóvenes estaban de pie en un pequeño escenario,
más de cincuenta mil personas gritaban de tal

manera que los Beatles ni siquiera se oían a sí mismos. Tenían que adivinar cuándo comenzar una canción y cometían muchos errores.

"El ruido del público ahogaba todo", dijo Ringo. "Estaba acabando con nuestra música".

John y Paul tenían otros motivos para estar hartos: se estaban convirtiendo en excelentes compositores y siempre tenían nuevas ideas que querían  ensayar, pero los admiradores que asistían a los conciertos solo querían oír los éxitos conocidos, las canciones que se sabían.

Contra los deseos de Brian, los Beatles comenzaron a pasar más tiempo en el estudio. Sus primeras canciones habían sido muy sencillas: *She Loves You* y *I Want to Hold Your Hand* eran tonadas rápidas y alegres, con letras que todo el mundo entendía. Las nuevas canciones eran diferentes.

El primer cambio dramático se dio con *Yesterday*, una canción que Paul afirmaba haber oído en sueños. Es una canción triste, sobre un amor perdido en la que la voz de Paul está acompañada por un cuarteto de música clásica. *Yesterday* se convirtió en una de las canciones más populares del grupo cuando se lanzó en 1965. Desde entonces, más de tres mil músicos la han grabado, un récord incluido en el *Libro de Records Guinness*.

VIOLÍN   VIOLONCHELO   VIOLÍN   VIOLÍN

Hasta 1965, todos los discos de los Beatles incluían canciones compuestas por otras personas. A eso se le llama *versiones*. Pero, a finales de  1965, los Beatles grabaron *Rubber Soul,* un disco en el cual todas las canciones fueron escritas por ellos. Era muy diferente de sus discos anteriores. En él, George toca un sitar— un instrumento indio de ochocientos años de antigüedad—, Paul contrató a un saxofonista y un trompetista para una de las canciones, y John hizo algo muy extraño: grabó su guitarra y luego aprendió a hacer que la grabación sonara en reversa. En una canción, *Tomorrow Never Knows,* muchas voces e instrumentos suenan al revés, hacia atrás. Las letras también eran distintas. La gente sigue intentando entender sus significados. Pero los Beatles no podían tocar

una canción como *Tomorrow Never Knows* en concierto... era demasiado complicado.

Brian seguía obligándolos a salir de gira. Los Beatles lo intentaban pero no estaba funcionando, no estaban contentos y finalmente decidieron no volver a hacerlo. El último concierto ocurrió el 29 de agosto de 1966 en San Francisco. Brian estaba muy molesto porque estaba convencido de que las bandas de rock que no daban conciertos perdían su popularidad. Algunas personas se confundieron; incluso, se difundió el rumor de que los Beatles se habían separado. La madre de George, Louise, respondió a miles de cartas de admiradores entristecidos: los Beatles no renunciaban, les escribió, sencillamente tenían que producir un nuevo disco.

De regreso en casa, los Beatles gozaron de mayor libertad. Se casaron y pasaron tiempo con sus familias; pudieron volver a asistir a exposiciones de arte y al cine. Pero, ante todo, produjeron música y ensayaron nuevos estilos de canciones. Contrataron una orquesta sinfónica para tocar con ellos en la grabación de una canción.

Se tomaron más tiempo que nunca para grabar discos. El mundo estaba cambiando y su música también. Habían comenzado a tocar a finales de los años cincuenta, una época más segura y más simple. Para finales de la década de 1960, muchos jóvenes estaban enojados con el mundo que construyeron sus padres. Estaban enfadados con el gobierno estadounidense por la guerra en Vietnam; estaban enojados por el tratamiento dado a los afroamericanos; estaban enfadados con las grandes compañías que contaminaban el planeta.

Los cantantes populares, como Bob Dylan y Joan Baez, escribían canciones duras de protesta. Como ellos, los Beatles también escribieron canciones de protesta. Cantaron *All You Need Is Love* en la televisión nacional. Para esa presentación, reunieron a muchos amigos, se tomaron de las manos y repitieron una palabra una y otra vez: "amor". *Revolution*, otra canción de protesta, comenzaba con una guitarra ruidosa y gritos mientras los Beatles cantaban enfurecidos refiriéndose a las personas que iniciaban las guerras.

LA GUERRA DE VIETNAM

¿POR QUÉ ENVIÓ EL GOBIERNO ESTADOUNIDENSE A SUS SOLDADOS A PELEAR A DIEZ MIL MILLAS DE DISTANCIA, EN VIETNAM?

VIETNAM ESTABA DIVIDIDO EN VIETNAM DEL SUR Y VIETNAM DEL NORTE. EL GOBIERNO DE VIETNAM DEL NORTE ERA COMUNISTA, EL DE VIETNAM DEL SUR NO.

EN ESA ÉPOCA, EL MAYOR ENEMIGO DE ESTADOS UNIDOS ERA UNA NACIÓN COMUNISTA—LA UNIÓN SOVIÉTICA—QUE ASPIRABA A EXPANDIR EL COMUNISMO A OTROS PAÍSES. ESTADOS UNIDOS QUERÍA EVITAR QUE VIETNAM DEL SUR SE VOLVIERA COMUNISTA.

PARA 1964, MILES DE SOLDADOS LUCHABAN EN VIETNAM. LA GUERRA DURÓ AÑOS Y MÁS DE CINCUENTA MIL SOLDADOS ESTADOUNIDENSES MURIERON ANTES DE QUE TERMINARA. VIETNAM DEL NORTE GANÓ, INVADIÓ A VIETNAM DEL SUR Y SIGUE SIENDO UN PAÍS COMUNISTA.

En 1967, un año después de abandonar las giras, los Beatles lanzaron el que para muchos es su mejor disco: *Sgt. Pepper's Lonely Hearts Club Band*. Lo que hizo tan especial este disco fue la forma en que los Beatles usaron muchos estilos musicales diferentes en un solo disco. John despertó grandes controversias con la canción *Lucy in the Sky with Diamonds*. Se pensó que John escribía sobre el LSD, una droga usada por muchas personas en la época. Otros no lograron entender la letra pero, incluso los que no la entendieron, estaban de acuerdo en una cosa: la canción era agradable al oído.

LOS AÑOS SESENTA

CUANDO LOS BEATLES ERAN NIÑOS,
LOS JÓVENES QUERÍAN PARECERSE A SUS
PADRES. ASÍ ERA LA DÉCADA DE 1950. AUN
CUANDO LOS SOLDADOS ESTADOUNIDENSES
ESTABAN LUCHANDO EN LA GUERRA DE
COREA, EL MUNDO PARECÍA MUCHO MÁS
PACÍFICO DE LO QUE HABÍA SIDO DURANTE
LA SEGUNDA GUERRA MUNDIAL. LOS NIÑOS
ESTUDIABAN DURO PARA PODER ASISTIR
A LA UNIVERSIDAD Y CONSEGUIR UN BUEN

TRABAJO. LOS MUCHACHOS USABAN CAMISAS DE BOTONES Y PANTALONES; LAS NIÑAS LLEVABAN FALDAS LARGAS Y CALCETINES CORTOS.

TODO CAMBIÓ EN LA DÉCADA DE 1960: EL PRESIDENTE JOHN F. KENNEDY FUE ASESINADO; SU HERMANO ROBERT FUE ASESINADO; MARTIN LUTHER KING, JR., FUE ASESINADO. LA OLA DE VIOLENCIA HORRORIZÓ A TODO EL MUNDO: EL MUNDO YA NO PARECÍA SER UN LUGAR SEGURO.

LA GUERRA DE VIETNAM CRECIÓ Y LOS JÓVENES FUERON RECLUTADOS EN EL EJÉRCITO. MUCHOS NO CREÍAN EN LA GUERRA PERO, IGUAL, TENÍAN QUE IR Y LUCHAR. LOS JÓVENES AFROAMERICANOS ESTABAN HARTOS DE ESPERAR A QUE LOS TRATARAN COMO A LOS BLANCOS, QUERÍAN CAMBIOS. LOS JÓVENES, BLANCOS Y NEGROS SE DEJABAN CRECER EL PELO Y VESTÍAN ROPAS QUE SUS PADRES ODIABAN. MUCHOS NIÑOS CREÍAN EN EL LEMA: "NO CONFÍES EN NADIE DE MÁS DE TREINTA AÑOS".

Capítulo 9
El principio del fin

Al principio, los Beatles estaban fascinados de ser una banda y de ser famosos. Pasaron de ser cuatro adolescentes pobres a ser estrellas mundiales. Sus admiradores los adoraban y tenían más dinero del que nunca podrían gastar.

John se compró un Rolls-Royce que tenía televisión y refrigerador en su interior. Paul también se compró un auto de lujo, un Aston Martin.

George compró una casa e hizo que se la pintaran de flores. "Cuando el dinero comenzó a llegar, yo salía y me compraba diez trajes, una docena de camisas y tres automóviles", decía Ringo. "Gastaba dinero como si lo acabaran de inventar".

Con el paso del tiempo, los Beatles comenzaron a ver el lado oscuro de su éxito. Se suponía que debían pasar todo el tiempo juntos. Eran amigos, sí, pero estaban haciéndose mayores. Ahora tenían familias y no querían pasar las horas solo entre ellos. Así que, poco a poco, se fueron distanciando. Comenzaron a vestirse distinto porque los tiempos estaban cambiando y habría sido ridículo que siguieran apareciendo en sus trajes estilo Mao. Los Beatles se aseguraban de estar al día con la moda. Por ejemplo, John se dejó crecer el cabello y la barba, y comenzó a usar un traje blanco; George y Ringo se dejaron crecer el bigote; Paul lo intentó pero no le duró mucho. Usaban ropas de diferentes estilos y muy coloridas. Era la forma de vestir de los *hippies*.

La banda había producido unos veinte discos, más de 220 canciones. Su siguiente proyecto era grabar un disco y hacer una película al mismo

tiempo para mostrarle al mundo el buen trabajo que hacían como grupo. En su lugar, *Let It Be* demostró al mundo lo cansados que estaban los Beatles unos de otros. Paul quería volver a dar conciertos pero los demás no lo apoyaban. George quería que el disco incluyera más canciones suyas pero los demás se negaron. John quería que su nueva esposa, Yoko Ono, estuviera siempre en los estudios de grabación pero los demás no la querían ver allí.

Yoko Ono era una artista "experimental". No estaba interesada en pintar imágenes lindas de flores o caballos galopando a la orilla del río. Su arte era poco común... muy poco común. Por ejemplo, una vez hizo una película de una mosca caminando arriba y abajo por el cuerpo de alguien desnudo. Además, Yoko tenía ideas muy firmes y consideraba que los otros Beatles debían poner más atención a John.

Durante la grabación de *Let It Be*, Yoko permaneció sentada al lado de John escuchando

a la banda discutiendo cómo tocar la música. Cuando estaban en desacuerdo, le susurraba su opinión a John o se la comunicaba al grupo. Amaba a John y siempre tomaba partido por él. Los otros Beatles consideraban que los extraños—incluyendo a las esposas—no tenían por qué estar en el estudio ya que siempre habían estado allí los cuatro solos.

Let It Be resultó ser un gran desastre. Al final, los Beatles a duras penas hablaban entre ellos. No pudieron terminar el disco. Casi nadie quiso ver la película y ellos ni siquiera asistieron a su estreno.

Paul se sentía mal; no quería que la banda se desintegrara de esa manera. Era cierto que se habían distanciado pero aún se querían. Paul convenció a los otros de hacer un disco más. Esta vez, les dijo, no habría peleas. Sería como en los viejos tiempos. Y así fue.

El disco se llamó *Abbey Road*, igual que la calle donde estaba su estudio de grabación. Todos tuvieron la oportunidad de cantar, incluso Ringo cuya voz no era muy buena. El disco salió y casi inmediatamente llegó al primer lugar en las listas. Los críticos deliraban de emoción por su belleza.

Luego, el mundo quedó atónito ante las noticias: los Beatles se separaban.

Capítulo 10
Cada uno por su lado

Corría el año 1970 y ellos ya no eran una banda. Sin embargo, aún eran músicos y famosos.

Paul quería pasar tiempo con su familia. Él y su esposa Linda, con quien se había casado en 1969, compraron una granja en Escocia y tuvieron tres hijos (una de sus hijas, Stella, llegó a ser una famosa diseñadora de modas).

Paul hizo un disco llamado *McCartney* en el que tocaba él solo todos los instrumentos, incluyendo la guitarra, los tambores y el piano. Poco después creó otra banda llamada Wings y volvió a dar conciertos, algo que siempre le había encantado. Paul le enseñó a Linda, quien era fotógrafa, a tocar el teclado en su banda. De esa manera no tendrían que separarse nunca.

George y Ringo también continuaron creando música. Paul y John habían sido siempre los compositores de los Beatles y no les habían permitido cantar mucho. Ahora podían hacer sus propios discos. George tenía tantas canciones acumuladas que, cuando grabó su disco, resultó más largo que cualquiera grabado por los Beatles.

En 1971, con *My Sweet Lord*, se convirtió en el primero de los Beatles en llegar solo al primer lugar de las listas. George también se preocupaba mucho por ayudar a los más necesitados. Una vez organizó un concierto gigante para recaudar fondos para los niños hambrientos de Bangladesh. También produjo películas, incluyendo *La vida de Brian* de Monty Python.

Algo de George nunca cambió, sin importar qué tan famoso fuera: seguía siendo tímido. Aun después de todas las giras, seguía sintiendo temor al subir al escenario. Era necesario persuadirlo para que tocara en público. Con el tiempo, compró con su segunda esposa, Olivia, y su hijo Dhani una mansión de cien habitaciones en Inglaterra. La alta valla alrededor de la casa les garantizaba alguna privacidad, aunque no siempre mantenía fuera a los extraños. En 1999, un hombre se coló a la mansión; George recibió una puñalada de la cual se recuperó y el hombre fue arrestado.

Ringo no era un músico tan exitoso como George. A pesar de ello, le encantaba ser famoso porque todos se reían de sus bromas, lo invitaban a fiestas y le pedían que cantara en conciertos. Nunca le gustó discutir con sus compañeros de banda y ahora estaba contento de vivir en paz. La voz de Ringo al cantar no era muy buena, pero su voz al hablar era muy entretenida, especialmente para sus admiradores más jóvenes.

Ringo trabajó como narrador de un popular programa infantil de televisión, *Thomas the Tank Engine*, e hizo el papel de Mr. Conductor.

En 1973 y 1974, Ringo llegó al primer lugar en las listas con *Photograph* y *You're Sixteen*. Formó la banda All Starr que sigue tocando en la actualidad. En 2010, cuando cumplió setenta años, Ringo lanzó un nuevo disco llamado *Y Not*.

John fue el que probablemente quedó más contento al deshacerse de los Beatles. Ahora podía expresar sus ideas políticas. Él y Yoko iban con frecuencia a Estados Unidos. John se manifestaba en contra de la Guerra de Vietnam y la gente lo escuchaba. Grabó una bellísima canción en contra de la guerra titulada *Give Peace a Chance*. Él y Yoko lideraban protestas en las que explicaban por qué consideraban que la guerra debía terminar. En lugar de manifestaciones multitudinarias, hicieron protestas en la cama: se pusieron su pijama y permanecieron en cama durante ocho días como protesta. John y Yoko también arrendaron grandes vallas publicitarias que decían: "¡La guerra termina! (Si usted lo quiere)".

El gobierno estadounidense no estaba nada contento con esto. Un senador de Carolina del Sur, Strom Thurmond, quería que se expulsara a John del país. El FBI comenzó a seguirlo y a vigilar todo lo que hacía.

Pero John no huyó a Inglaterra... Al contrario, él y Yoko se trasladaron definitivamente a Estados Unidos en 1971. Compraron un apartamento en el Dakota, un famoso edificio en Nueva York, donde vivieron hasta la muerte de John.

Mientras John, Paul, George y Ringo vivían sus vidas por separado, una gran pregunta estaba en el aire: ¿Cuándo se volverían a juntar?

John respondía que nunca. Algunos de ellos trabajaron juntos pero nunca los cuatro a la vez. George tocó con John y Ringo en sus discos. Ringo tocó en los discos de los otros tres. Paul tocó en los discos de George y Ringo. Y John tocó en los discos de George y Ringo.

¿Por qué nunca se volvió a reunir el grupo?

Fundamentalmente, porque John y Paul estaban peleados.

De hecho, tras la separación de los Beatles, John y Paul hicieron declaraciones en público muy hirientes uno del otro. John incluso llegó a burlarse de la nueva música de Paul en la canción *How Do You Sleep?*

En 1972, dos años después de la ruptura, John y Paul volvieron a hablarse y hubo una noche en la que casi cantan juntos. Fue en 1975, un sábado en la noche en que Paul estaba de paso por Nueva York.

Paul visitó a John en su apartamento y estuvieron viendo televisión: el programa *Saturday Night Live*. Curiosamente, esa noche, los productores del show ofrecieron pagar a cada uno de los Beatles mil dólares si se reunían para el programa. Era una broma.

El público se rió porque a los Beatles ya les habían ofrecido más de un millón de dólares para que tocaran juntos otra vez. Paul y John pensaron que sería divertido aparecerse en el estudio de televisión y sorprender a todo el mundo. Pero, finalmente, se quedaron en el apartamento de John. No obstante, sus admiradores aún hablan sobre cómo habría sido si hubiesen cantado juntos una vez más.

Capítulo 11
El día más triste

A mediados de la década de 1970, John Lennon seguía siendo una de las personas más famosas del mundo, más aun que los otros Beatles. Pero, ¿era feliz? No.

Aún era joven—tenía treinta y tantos—, pero había pasado demasiado tiempo frente a las luces. Nunca parecía estar tranquilo consigo mismo, ni siquiera en casa. Su matrimonio con Yoko Ono se estaba derrumbando. John temía que terminara en divorcio, tal como había sucedido con su primer matrimonio. Con el tiempo, Yoko le pidió que se fuera. Aceptó aunque no quería hacerlo. John comenzó a beber y tomar drogas; empezó a pasar el tiempo con gente que solo estaba interesada en las fiestas; tomó parte en peleas y su música lo resintió.

Yoko recapacitó y le pidió que volviera a casa. Unos meses después, Yoko le contó que estaba embarazada. El 9 de octubre de 1975 tuvieron un hijo al que llamaron Sean.

Cuando el primer hijo de John —Julian— nació en 1963, John siempre estaba de gira. Esta vez sería un padre muy diferente: John quería quedarse en casa con Sean. Aprendería a cambiarle los pañales, vería sus primeros pasos. "De ahora en adelante mi principal responsabilidad es mi familia", le dijo a los periodistas.

Para él, eso significaba abandonar la música, por lo que John no grabó ningún disco ni dio conciertos mientras Sean fue un bebé. John estaba allí cuando Sean se despertaba en la mañana; lo vestía y jugaba con él todo el día. John incluso aprendió a cocinar. En una ocasión, llamó por teléfono a su media-hermana para contarle sobre su primer intento de hornear pan. El resultado fue tan desastroso que, cuando intentó cortarlo, el cuchillo se dobló.

Durante cinco años, John apenas salió de su apartamento. Pero la música seguía en su mente y de vez en cuando sentía una canción nueva en su cabeza. No queriendo olvidarla, John se sentaba en el piano y registraba la canción en una pequeña grabadora. Luego guardaba la cinta para el futuro.

Muchas personas, incluidos muchos músicos, le insistían en que diera conciertos o grabara discos otra vez pero él se negaba. Luego, de repente e inesperadamente, cambió de idea. No fue porque necesitara el dinero; era muy rico. Tampoco fue para captar atención; tenía más que suficiente.

El motivo por el que John decidió volver a la música fue simplemente que amaba hacer música.

Era una parte de sí mismo que no podía seguir ignorando. Así que, cuando Sean tenía cinco años y comenzaba a asistir a la escuela, John regresó al trabajo.

No firmó contratos de grabación, no hizo un gran concierto. Primero tenía que practicar.

Escribió y tocó canciones de prueba, o "demos", que registraba con una pequeña grabadora puesta encima del piano. Poco después tenía más que suficientes canciones para un disco.

El siguiente paso era grabar el álbum. John comenzó a grabar y le pidió a Yoko que cantara algunas de las canciones, aunque sabía que eso molestaría a muchos de sus admiradores. Tituló el disco *Double Fantasy*. Algunas de las canciones— *Watching the Wheels* y *(Just Like) Starting Over*— hablaban sobre el distanciamiento de la música.

Otras se referían a su familia. Escribió una—*Beautiful Boy*—sobre Sean, y otra sobre Yoko llamada *Woman*.

El disco se lanzó el 15 de noviembre de 1980 y fue un gran éxito porque vendió quinientas mil copias en dos semanas. John estaba entusiasmado y esperaba producir más música.

Luego, el 8 de diciembre de 1980, sucedió algo que nadie que estuviera vivo en ese momento podrá olvidar.

Esa tarde, John y Yoko caminaban en Central Park West. Un hombre llamado Mark David Chapman se acercó y le pidió a John un autógrafo. A John le gustaba dar autógrafos a sus admiradores, pero Mark David Chapman

no era como otros admiradores. Era un enfermo mental. Oía voces en su cabeza, voces que le ordenaban hacer daño a John Lennon.

Chapman regresó más tarde ese día. Esperó cerca de la entrada del Dakota. Cuando John y Yoko llegaron a casa, Chapman gritó: "¡Señor Lennon!", luego sacó un arma y le disparó. John Lennon, quien odiaba la violencia, quien no creía en el uso de las armas, cayó al suelo. Murió poco después. Tan solo tenía cuarenta años.

El mundo quedó atónito.

Los habitantes de toda Nueva York llegaron a la puerta del hogar de John. Algunos estaban en pijama, llorando. Muchos dejaban flores. Gente que no se conocía se abrazaba cantando canciones de Lennon.

Seis días después, más de cien mil personas se reunieron en Central Park. Se hicieron diez

minutos de silencio. Luego, en los parlantes se oyó *Imagine*, la canción de John, su sueño de paz: "Imagina a todo el mundo/ viviendo la vida en paz".

La muerte de John fue una tragedia terrible pero no fue el fin de lo que él representaba.

A John se le recuerda no solo por ser uno de los Beatles, sino también por buscar un mundo mejor. En Central Park, en la ciudad de Nueva York, hay un mosaico circular con la palabra "Imagine" en honor a John Lennon. En 2010, treinta años después de su muerte, multitudes inmensas se acercaron—como lo hacen todos los días 8 de diciembre—y dejaron flores para John. *Imagine* sigue siendo una canción en pro de la paz y ese es el motivo por el cual Neil Young decidió cantarla en televisión pocos días después de los ataques terroristas del 11 de septiembre.

Quince años después de la muerte de John, los otros tres Beatles se reunieron. ¿Recuerdas las canciones que John escribió mientras Sean era un bebé? Yoko tenía las grabaciones y le permitió a Paul, George y Ringo grabar sus instrumentos y voces junto a los de John. En 1996, la primera canción—*Free as a Bird*—llegó al numeró uno en las listas de popularidad.

Paul, George y Ringo continuaron con sus carreras independientemente. Se acercaban tiempos difíciles. La esposa de Paul, Linda, murió en 1998; su matrimonio había sido muy feliz. Paul se volvió a casar en 2002, pero se separó cuatro años después. Por esa misma época George les dio una terrible noticia: tenía cáncer. Murió en 2001.

Un año después de su muerte, Paul y Ringo se reunieron para dar un concierto en homenaje a George en el Royal Albert Hall de Londres.

Tocaron las canciones de George con otros músicos famosos y con el hijo de George, Dhani, quien ya tenía veinticuatro años. El concierto podría haber sido muy triste, después de todo, los músicos habían perdido a uno de sus mejores y más antiguos amigos. Pero, en su lugar, tocar la música de George los alegró. Al final del concierto, cayó una lluvia de pétalos sobre el escenario.

Hoy día, los Beatles siguen siendo el grupo musical más famoso en la historia. Sus canciones han sido grabadas por todos, desde el melódico y legendario Frank Sinatra hasta músicos del pop como U2 y Elliot Smith. En el año 2000, la colección de los grandes éxitos de los Beatles—titulada "1"—llegó al primer puesto en las listas de popularidad a pesar de que ninguna de las canciones era nueva.

Los Beatles ya no existen. John se fue. George también se fue. Pero su música permanece. Su música vivirá por siempre.

CRONOLOGÍA DE LA VIDA DE LOS BEATLES

1940 — Nacen en Liverpool, Inglaterra, John Lennon y Richard Starkey (conocido posteriormente como Ringo Starr)

1942 — Nace Paul McCartney

1943 — Nace George Harrison

1956 — Paul oye a la banda de John, los Quarrymen, tocando en una iglesia; le piden que se una a la banda tras una prueba

1957 — Paul presenta a George y John; George entra a formar parte de la banda

1960 — El grupo cambia su nombre de los Quarrymen a los Beatles

1962 — Ringo reemplaza a Pete Best como baterista de los Beatles

1963 — Los Beatles lanzan su primer disco, *Please Please Me*, un gran éxito en Inglaterra pero no en Estados Unidos

1964 — Finalmente reconocidos en Estados Unidos, los Beatles tocan en *The Ed Sullivan Show* y son vistos por setenta y tres millones de estadounidenses; se lanza *A Hard Day's Night*, la película de la banda... la "invasión británica" ha comenzado

1965 — La canción *Yesterday* llega al puesto número uno; eventualmente, *Yesterday* será grabada por tres mil artistas más, un récord mundial

Cansados de estar de gira, los Beatles dan — **1966**
su último concierto; John conoce a Yoko Ono,
se enamoran y se casan

Se lanza *Sgt. Pepper Lonely Hearts Club Band*; — **1967**
Es inmediatamente calificado como uno
de los mejores discos en la historia

Como parte de la grabación de *Let It Be*, — **1969**
los Beatles tocan para algunos amigos en el techo de un
edificio—la última vez que tocan juntos—. Alguien se
queja con la policía y tienen que dejar de tocar

Paul anuncia que los Beatles se separan — **1970**

Cuando su hijo Sean nace, John decide dejar — **1975**
de hacer música por algunos años

John, quien acaba de lanzar su primer disco — **1980**
en cinco años, es asesinado por un fanático;
más de cien mil personas se reúnen en Central Park
en Nueva York para llorar su muerte

Paul, George y Ringo usan las grabaciones de John — **1996**
cantando, para grabar la primera canción de los Beatles
desde su ruptura; *Free as a Bird* llega al número uno

George muere de cáncer — **2001**

CRONOLOGÍA DEL MUNDO

1941 — Estados Unidos se une a los Aliados en la Segunda Guerra Mundial

1945 — La Alemania nazi se rinde y Adolfo Hitler se suicida

1951 — Se vende el primer televisor a color

1955 — Rosa Parks, una afroamericana, se rehúsa a dejar su asiento en el frente de un autobús en Birmingham, Alabama; este acto centra la atención nacional en el Movimiento de Derechos Civiles

1956 — Elvis Presley suscita controversias con su provocativo baile en *The Ed Sullivan Show*

1961 — Se construye el Muro de Berlín, que divide la ciudad entre la democrática Berlín occidental y la comunista Berlín Oriental

1963 — El presidente John F. Kennedy es asesinado por Lee Harvey Oswald; Lyndon Johnson asume la presidencia

1964 — El boxeador Muhammad Ali gana el título de pesos pesados

1965 — La Guerra de Vietnam se complica cuando Estados Unidos envía más tropas

1966 — Protestas contra el reclutamiento y la Guerra de Vietnam; los *hippies* comienzan a reunirse a escuchar música y hacer llamados de paz

Marthin Luther King, Jr., líder de los derechos civiles, y Robert F. Kennedy son asesinados	1968
Neil Armstrong se convierte en el primer hombre en pisar la Luna; Woodstock, el concierto de tres días, atrae a cuatrocientas mil personas a Bethel, Nueva York, para un evento al aire libre considerado el más grande de la era *hippie*	1969
Estados Unidos decide abandonar Vietnam	1973
El presidente Richard M. Nixon renuncia debido al escándalo Watergate	1974
Nace el primer bebé probeta por inseminación artificial	1978
Sandra Day O'Connor se convierte en la primera mujer miembro la Corte Suprema	1981
Cae el Muro de Berlín y Alemania se reunifica	1989
Colapso de la Unión Soviética	1991
Bertrand Piccard y Brian Jones se convierten en los primeros hombres en dar la vuelta al mundo en un globo	1999
El World Trade Center en Nueva York es destruido por un ataque terrorista	2001

BIBLIOGRAFÍA

Baird, Julia and Geoffrey Guiliano. **John Lennon: My Brother.** Henry Holt & Co, 1st American edition, 1988.

Bowles, Jerry G. **A Thousand Sundays: The Story of the Ed Sullivan Show.** Putnam, New York, 1980.

Coleman, Ray. **The Man Who Made the Beatles: An Intimate Biography of Brian Epstein.** Mcgraw-Hill, New York, 1989.

Crossaperback, Craig. **Beatles-discography.com: Day-by-day Song-by-song Record-by-record.** IUniverse, 2004.

Davies, Hunter. **The Beatles, (2nd Rev edition).** W. W. Norton & Company, New York, 2004.

Giuliano, Geoffrey. **Dark Horse: The Life and Art of George Harrison.** Da Capo Press, New York, 1997.

Giuliano, Geoffrey. **The Lost Beatles Interviews.** Cooper Square Press, New York, 2002.

Hertsgaard, Mark. **A Day in the Life: The Music and Artistry of the Beatles.** Delta, 1996.

Lennon, John. **Imagine: A Celebration of John Lennon.** Studio, 1st American edition, 1995.

Lennon, John, and Yoko Ono, David Sheff, and G. Barry Golson. **The Playboy Interviews with John Lennon and Yoko Ono.** Berkley Publishing Group, New York, 1982.

Leonard, John and Claudia Falkenburg and Andrew Solt, eds. **Really Big Show: A Visual History of The Ed Sullivan Show.** Studio, 1992.

Miles, Barry. **Paul McCartney: Many Years from Now.** Henry Holt & Company, New York, 1998.

Partridge, Elizabeth. **This Land Was Made for You and Me: The Life and Songs of Woody Guthrie.** Viking, New York, 2002.

Shipper, Mark. **Paperback Writer: The Life and Times of the Beatles, the Spurious Chronicle of Their Rise to Stardom, Their Triumphs and Disasters.** Ace Books, New York, 1978.

Shotton, Pete and Nicholas Schaffner. **John Lennon in My Life: In My Life.** Stein & Day Pub, Michigan, 1983.

Sulpy, Doug and Ray Schweighardt. **Get Back: The Unauthorized Chronicle of the Beatles' Let It Be Disaster.** St. Martin's Press, New York, 1999.